ROHKOST

NEUN
ZEHN

SUPPEN & SALATE

HAUPTSPEISEN

INHALT

SNACKS, BROTE & AUFSTRICHE

DESSERTS

GETRÄNKE

WAS BEDEUTET ROHKOST?

Unter Rohkost versteht man eine Ernährung mit Lebensmitteln, die nicht über 42° Celsius erhitzt wurden, sowohl bereits in der Produktion als auch im späteren Verarbeitungsprozess. Diese Temperaturgrenze ist deshalb wichtig, weil man davon ausgeht, dass bei ihrer Überschreitung temperaturempfindliche Inhaltsstoffe wie Vitamine und Enzyme Schaden nehmen und verloren gehen.

In diesem Buch stellen wir Ihnen ausschließlich pflanzliche, also roh-vegane Gerichte vor, voller gesunder Enzyme und gut für Ihre Verdauung und zum Entgiften.

ROHKOSTLICH GENIESSEN: SO EINFACH GEHT ES!

Rohkost soll Freude an einer bewussten Ernährung vermitteln und Ihren Körper dabei unterstützen, gesund zu bleiben. Egal, ob Sie sich mit einer Rohkost-Kur etwas Gutes tun oder sich roh-vegan ernähren wollen, Sie werden erstaunt sein, welche positive Auswirkung die rohe Pflanzenküche auf Ihr Wohlbefinden haben wird.

Und so einfach geht es: Es steht Ihnen eine Vielzahl an wunderbaren Nahrungsmitteln zur Verfügung. Zur veganen Rohkost zählen Obst und Früchte, Gemüse, Kräuter, Gewürze, Algen, Öl, Nüsse, Pilze, Samen und Kerne. Entscheidend ist, diese nicht über 42° Celsius zu erhitzen. In diesem Buch finden sie viele Rezepte, die ihnen zeigen werden, wie abwechslungsreich, schmackhaft und unkompliziert die roh-vegane Küche sein kann.

NÜTZLICHE KÜCHENHELFER

- Da in der Rohkost-Küche viel püriert wird, ist ein Stabmixer/Pürierstab der wichtigste Helfer.

- Ein Standmixer vereinfacht die Zubereitung besonders von Getränken, aber auch hier kann mit einem Stabmixer gearbeitet werden.

- In diesem Buch verzichten wir darauf, Dörrautomaten zu verwenden. Für einige wenige Rezepte, bei denen das Trocknen der Gerichte notwendig ist, verwenden Sie einfach ihren Backofen. Stellen sie die Temperatur auf 50° Umluft ein und klemmen Sie ein zusammengefaltetes Küchentuch oder einen Holzkochlöffel in die Tür, sodass die entweichende Feuchtigkeit abziehen kann.

- Sollten Sie einen Dörrautomaten besitzen, einfach die Trocknungszeiten für den Dörrautomaten übernehmen und gegebenenfalls anpassen.

- Ein Spiralschäler und ein Sparschäler sparen Zeit bei der Zubereitung und erzielen schöne Ergebnisse.

MENGENANGABEN UND ABKÜRZUNGEN:

Alle Gerichte in diesem Buch sind für 4 Personen konzipiert.

TL	Teelöffel
EL	Esslöffel
Msp.	Messerspitze
Pckg.	Packung
ml	Milliliter
l	Liter
g	Gramm
kg	Kilogramm
cm	Zentimeter

VORRATSSCHRANK - GUT ORGANISIERT IST SCHNELLER GEKOCHT!

- Da diese Ernährungsform sehr viele Zutaten verwendet, welche sich gut lagern lassen, bietet es sich an, seinen Vorratsschrank gut anzufüllen. Nüsse, Trockenfrüchte, getrocknete Kräuter, Algen, Samen und Kerne sind sehr gut haltbar und man hat den Vorteil, sich jederzeit eine rohköstliche Mahlzeit zubereiten zu können.

- Des weiteren empfiehlt es sich, diverse Öle, Apfel- oder Rotweinessig und nicht wärmebehandelte Soja- und Tamari-Sauce zu Hause zu haben.

- Zum Süßen eignen sich Agavendicksaft oder Ahornsirup hervorragend.

- Mit Reispapier kann man Speisen dekorativ anrichten.

- Buchweizen und Quinoa sind rohköstlich einfach zuzubereiten.

SUPPEN & SALATE

GEEISTE TOMATENSUPPE

ZUTATEN

1 kg Tomaten
1 rote Zwiebel
3 Knoblauchzehen
½ Bund Basilikum
100 ml Olivenöl
1 EL Zitronensaft
Meersalz, Pfeffer

ZUBEREITUNGSZEIT

10 Min. + Kühlzeit

1. Die Tomaten in Stücke schneiden und pürieren. Anschließend durch ein Sieb streichen.

2. Die Zwiebel schälen und reiben, ebenso den Knoblauch.

3. Den Basilikum sehr fein hacken und mit dem Öl pürieren.

4. Das Tomatenpüree mit Zwiebel, Knoblauch und Zitronensaft zusammen kurz mixen und mit Salz und Pfeffer kräftig würzen.

5. Im Kühlschrank eine Stunde durchziehen lassen.

6. In eisgekühlten Suppentassen anrichten und mit dem Basilikum-Öl verfeinern.

GEEISTES
KOHLRABI-MINZ-SÜPPCHEN

ZUTATEN

2 Kohlrabi (ca. 400 g)
1 Salatgurke
1 Bund Frühlingszwiebeln
500 ml Wasser
½ Bund Estragon
1 EL Apfelessig
1 TL Leinöl
w½ Bund Pfefferminze
100 ml Rapsöl
½ TL Agavendicksaft
Salz, Pfeffer

ZUBEREITUNGSZEIT

15 Min. + Kühlzeit

1. Die Kohlrabi schälen, die zarten grünen Blätter waschen. Die Knollen in kleine Würfel und die Blätter in Streifen schneiden. Die Salatgurke grob würfeln, die Frühlingszwiebeln in Ringe schneiden. Im Standmixer mit dem Wasser pürieren.

2. Anschließend den Estragon sehr fein hacken und mit Apfelessig, Salz und Pfeffer unter die Suppe mischen. Das Leinöl mit einem Schneebesen einrühren.

3. Die Suppe für mindestens 2 Stunden kühl stellen.

4. Die Pfefferminze fein hacken und mit dem Rapsöl und dem Agavendicksaft zu einer sämigen Paste pürieren, salzen und pfeffern.

5. Eisgekühlte Schälchen mit der Suppe füllen und die Pfefferminzpaste mit einer Gabel einrühren.

WÜRZIGE
MUSKATCREMESUPPE

ZUTATEN

200 g Mandeln
800 ml Wasser
1 Zwiebel
4 (Medjoul-)Datteln, entkernt
½ Rote Bete (ca. 3 EL)
1 EL Aroniabeeren (optional
Sauerkirschen, getrocknet)
3 EL Kapern
1 TL Agavendicksaft
2 EL Apfelessig
¼ Muskatnuss, ganz
Salz, Pfeffer
2 EL Sesamöl (optional Pflanzenöl)

ZUBEREITUNGSZEIT

15 Min. + Einweichzeit + Kühlzeit

1. Die Mandeln über Nacht in Wasser einweichen.

2. Mit kaltem Wasser abspülen und mit 200 ml Wasser im Standmixer pürieren.

3. Die Zwiebel schälen und fein hacken. Die Datteln in Stücke schneiden, die Rote Bete raspeln und mit Aroniabeeren, Kapern, Agavendicksaft, Apfelessig und frisch geriebener Muskatnuss zu den Mandeln geben.

4. Unter Zugabe von 600 ml Wasser alles cremig pürieren und mit Salz und Pfeffer gut würzen. Mit dem Schneebesen das Öl einschlagen.

5. Mindestens 1 Stunde im Kühlschrank durchziehen lassen, dann vor dem Servieren nochmals Muskat und Pfeffer darüber streuen.

Tipp

Die Farbe der Roten Bete ist bei Gerichten sehr positiv, auf den Händen jedoch nicht. Daher beim Schälen Handschuhe verwenden!

Tipp

In einem gut verschließbaren Glas im Dunkeln gelagert, ist die Muskatnuss fast unbegrenzt haltbar.

PROVENZALISCHE KRAUTSUPPE

ZUTATEN

400 g Rotkohl
1 EL Kümmel, ganz
3 EL Zitronensaft
2 Tomaten
1 rote Zwiebel
4 Knoblauchzehen
1 kleiner Apfel
4 EL Kapern
1 Bund Schnittlauch
2 Rosmarinzweige
2 EL Rotweinessig
1 TL Agavendicksaft
500 ml Wasser
Salz, Pfeffer
2 EL Majoranblätter
2 EL Olivenöl

ZUBEREITUNGSZEIT

15 Min. + Kühlzeit

1. Vom Rotkohl die unschönen Blätter, den harten Strunk und die groben Blattadern entfernen und den Kohlkopf in feine Streifen schneiden. Kümmel und Zitronensaft gut unterrühren und 1 Stunde durchziehen lassen.

2. Die Tomaten in grobe Würfel schneiden, dann pürieren. Die Zwiebel und den Knoblauch schälen und würfeln, den Apfel halbieren, entkernen und raspeln. Die Kapern hacken, den Schnittlauch in Röllchen schneiden, den Rosmarin von den Zweigen zupfen.

3. Vom Rotkohl eine Handvoll für die Garnitur beiseite stellen, den restlichen mit Tomaten, Zwiebeln, Knoblauch, Apfel, Kapern, Essig, Agavendicksaft und Wasser im Mixer grob pürieren. Mit Salz und Pfeffer abschmecken, Rosmarin und Majoran unterheben.

4. 1 Stunde im Kühlschrank durchziehen lassen, dann mit dem Schneebesen das Olivenöl einrühren. In Schalen füllen und mit dem beiseite gestellten Rotkohl garnieren.

PILZSÜPPCHEN MIT SPROSSEN

ZUTATEN

100 g Erdnüsse
600 ml Wasser
150 g Schalotten
3 Knoblauchzehen
1 Chilischote, rot
300 g Champignons
1 TL Ahornsirup
1 EL Zitronensaft
Salz, Pfeffer
1 EL Erdnussöl
½ Bund Koriander, gehackt
1 Handvoll Sprossen

ZUBEREITUNGSZEIT

15 Min. + Einweichzeit

1. Die Erdnüsse über Nacht in Wasser einweichen.

2. Mit frischem Wasser abspülen und mit ca. 600 ml Wasser pürieren.

3. Die Schalotten und den Knoblauch schälen und fein hacken, die Chilischote entkernen und ebenfalls fein hacken. Zum Erdnusspüree geben und weiter mixen.

4. Die Champignons abbürsten und mitsamt der leicht gekürzten Stiele in feine Scheiben schneiden. Eine kleine Handvoll für die Garnitur beiseite stellen, den Rest zu den übrigen Zutaten in den Standmixer geben und pürieren.

5. Mit Ahornsirup, Zitronensaft, Salz und Pfeffer abschmecken. Das Erdnussöl mit einem Schneebesen einschlagen und den fein gehackten Koriander unterziehen.

6. Mit den übrigen Champignonscheiben und den Sprossen garnieren.

Tipp

Fast alle Sprossen können auch roh gegessen werden. Dabei unterscheiden sie sich sehr stark im Geschmack, von mild bis hin zu scharf.

LAUCHCREMESUPPE MIT ZITRONE

Lauch kann vielseitig eingesetzt werden – als Gemüse wie als Gewürz.
So findet man ihn oft in Suppen, Salaten und Drinks.

ZUTATEN

100 g Cashewkerne
800 ml Wasser
1 Stange Lauch
1 Bund Frühlingszwiebeln
3 Knoblauchzehen
1 Bund Schnittlauch
2 EL Majoranblätter
1 Zitrone (Saft und Schale)
1 TL Agavendicksaft
Salz, Pfeffer
1 EL Leinöl
Zitronenscheiben

ZUBEREITUNGSZEIT

15 Min. + Einweichzeit

1. Die Cashewkerne über Nacht in Wasser einweichen.

2. Mit Wasser abspülen und mit 200 ml Wasser pürieren.

3. Lauch, Frühlingszwiebeln und geschälten Knoblauch in Ringe bzw. Scheiben schneiden. 3 Esslöffel Lauchringe für die Garnitur zur Seite stellen. Den Schnittlauch fein hacken und zusammen mit Lauch, Frühlingszwiebeln, Majoran, Zitronensaft und -schale sowie Agavendicksaft zu den Cashewkernen geben und unter Zugabe von 600 ml Wasser cremig pürieren. Mit Salz und Pfeffer abschmecken.

4. Das Leinöl mit dem Schneebesen unterziehen und die Suppe vor dem Servieren mit den Zitronenscheiben und Lauchringen garnieren.

SPANISCHE GAZPACHO

Die kalte spanische Suppe wurde immer schon aus rohem Gemüse zubereitet.
In der klassischen Variante findet man auch Weißbrot.

ZUTATEN

350 g Fleischtomaten
1 Salatgurke
2 Zwiebeln
3 Knoblauchzehen
3 Paprika, rot, grün und gelb
1 kleine Chilischote, rot
10 schwarze Oliven, entkernt
2 EL Rotweinessig
500 ml Wasser
1 EL Olivenöl
Salz, Pfeffer
½ TL Agavendicksaft

ZUBEREITUNGSZEIT

20 Min. + Kühlzeit

1. Die Tomaten und die geschälte Gurke grob würfeln. Die Zwiebeln und Knoblauchzehen schälen und hacken. Die Paprika mit dem Sparschäler schälen, halbieren, Trennwände und Kerne entfernen und das Fruchtfleisch würfeln. Die Chilischote entkernen und in feine Streifen schneiden, die Oliven hacken und den Essig mit dem Wasser mischen.

2. Das Gemüse unter Zugabe des Essigwassers im Standmixer oder mit dem Pürierstab fein pürieren.

3. In einem verschließbaren Gefäß für 2 Stunden in den Kühlschrank stellen.

4. Mit einem Schneebesen das Öl unterziehen und die Gazpacho gut mit Salz, Pfeffer und Agavendicksaft würzen.

5. In kalte Suppentassen füllen und servieren.

JAPANISCHE MISOSUPPE

Diese Suppe zählt zu den japanischen Nationalgerichten und bekommt ihren besonderen Geschmack durch die Sojabohnenpaste, der sie auch ihren Namen verdankt.

ZUTATEN
2 Karotten
1 cm Ingwer
1 Handvoll Champignons, weiß
1 Handvoll Champignons, braun
1 Zucchini
½ Bund Frühlingszwiebeln
2 Stangen Staudensellerie
2 EL Wakame-Algen
(alternativ 1 Noriblatt)

Brühe:
1000 ml Wasser
6 EL Tamari-Sauce
3 EL unpasteurisiertes Miso

Salz, Pfeffer, Limettenscheiben

ZUBEREITUNGSZEIT
20 Min. + Wartezeit

1. Die Karotten und den Ingwer schälen, die Champignons, die Zucchini, die Frühlingszwiebel und die Selleriestangen waschen.

2. Das Gemüse in mundgerechte Stücke schneiden, den Ingwer sehr klein hacken. Die Wakame-Algen in vier Portionen aufteilen. (Alternativ das Noriblatt mit der Hand in kleine Stücke zerteilen.)

3. Die vorbereiteten Zutaten auf vier Suppenschälchen verteilen.

4. Etwas Wasser mit der Tamari-Sauce und dem unpasteurisierten Miso im Standmixer vermengen.

5. Diese Brühe in einen großen Behälter gießen. Das restliche Wasser zum Kochen bringen und abkühlen lassen, bis die Temperatur unter 41 °C liegt. Mit der Brühe vermengen, mit Salz und Pfeffer abschmecken und auf die mit den Zutaten vorbereiteten Schälchen verteilen.

6. Mit den Limettenscheiben dekoriert servieren.

RUSSISCHER BORSCHTSCH

Hauptbestandteil dieser Suppe und verantwortlich für die schöne Farbe ist die Rote Bete, die nebenbei ein äußerst gesundheitsförderndes Gemüse ist.

ZUTATEN

3 Rote Beten
4 Tomaten
1 rote Zwiebel
1 Knoblauchzehe
800 ml Wasser
2 EL Olivenöl
1 EL Zitronensaft, frisch gepresst
1 EL Agavendicksaft
1 Msp. Nelken, gemahlen
1 Prise Majoran
1 Stängel Thymian, klein geschnitten
1 EL frischer Dill, grob gehackt
Salz, Pfeffer

ZUBEREITUNGSZEIT

15 Min.

1. Die Rote-Bete-Knollen schälen. 2 der Beten grob raspeln und auf 4 Suppenschüsseln verteilen.

2. Für die Brühe die übrige Bete würfeln, die Tomaten waschen und ebenfalls würfeln. Die Zwiebel und den Knoblauch schälen und grob hacken. Mit den verbleibenden Zutaten im Standmixer vermischen und zu einer Suppe verarbeiten. Nach Belieben etwas mehr Wasser für eine dünnere Konsistenz hinzufügen.

3. Mit Salz und Pfeffer abschmecken und auf die Rote-Bete-Raspel in den Schüsseln geben.

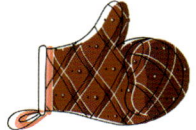

Tipp

Die Farbe der Roten Bete ist bei Gerichten sehr positiv, auf den Händen jedoch nicht. Daher beim Schälen Handschuhe verwenden!

CHICORÉE-FEIGENSALAT

Die Kombination des leicht bitteren Geschmacks des Chicorées mit der Süße der Feigen gibt diesem Salat eine ganz besondere Note.

ZUTATEN

70 g Nusskerne, geschält (optional Hanf)
3 Chicorée
4 Feigen, frisch (oder getrocknet)
2 Avocados
1 Orange
2 Stangen Staudensellerie
1 cm Ingwer
1 Orange, entsaftet
1 EL Apfelessig
3 EL Nussöl
Salz, Pfeffer

ZUBEREITUNGSZEIT

15 Min.

1. Die Nüsse grob hacken.

2. Den Chicorée waschen, trocken schütteln und zum Anrichten beiseite stellen. Die Feigen waschen und achteln, die Avocados längs halbieren, den Kern auslösen und das Fruchtfleisch in größere Würfel schneiden. Die Orange schälen und filetieren, den Staudensellerie in dünne Scheiben schneiden. Den Ingwer schälen und hacken.

3. Den Orangensaft mit Apfelessig, Nussöl, Salz und Pfeffer verrühren und über die Sellerie-Frucht-Mischung geben. Vorsichtig unterrühren. Mit den Nüssen bestreuen und diese ebenso leicht unterziehen.

4. Mit den Chicoréeblättern 4 Schalen auskleiden und anschließend mit dem Salat befüllen.

FRANZÖSISCHER SALAT

ZUTATEN

120 g Erbsen, tiefgekühlt
120 g Karotten
120 g Trauben
120 g Salatgurke
2 Birnen
8 Cocktailtomaten
Salatblätter für die Garnitur
4 EL Weißweinessig
4 EL Olivenöl
etwas Agavendicksaft
Salz, Pfeffer
4 Stängel Thymian

ZUBEREITUNGSZEIT

15 Min.

1. Die Erbsen auftauen lassen und kalt abspülen. Karotten, Trauben, Gurke und Birnen in 5 mm große Würfel schneiden. Die Cocktailtomaten vierteln. Alles gut vermengen.

2. Die Salatblätter waschen und trocken tupfen.

3. Aus Essig, Olivenöl, Sirup, Salz und Pfeffer eine Vinaigrette rühren.

4. Vier Schalen mit Salatblättern auslegen, das gewürfelte Gemüse und Obst darauf portionieren, mit der Vinaigrette beträufeln und mit den Thymianblättchen und Tomatenvierteln garnieren.

WALDORFSALAT
MIT CASHEW-SAHNE

Der Waldorfsalat wurde gegen Ende des 19. Jahrhunderts im Hotel Waldorf in New York zum ersten Mal serviert, damals noch ohne Walnüsse.

ZUTATEN

200 g Cashewkerne
1 TL Agavendicksaft
Salz, Pfeffer
150 g Knollensellerie
100 g Petersilienwurzel
100 g Pastinake
2 Äpfel
200 g blaue Trauben
2 Zitronen, entsaftet
80 g Walnüsse, gehackt

ZUBEREITUNGSZEIT

20 Min. + Einweichzeit

1. Die Cashewkerne über Nacht in Wasser einweichen.

2. Am nächsten Tag mit Wasser abspülen und mit dem Stabmixer pürieren. Etwas Wasser hinzugeben, so dass eine saucenartige Konsistenz entsteht. Mit Agavendicksaft sowie etwas Salz und Pfeffer abschmecken.

3. Knollensellerie, Petersilienwurzel und Pastinake schälen und raspeln. Die Äpfel raspeln und die Trauben vierteln. Mit Zitronensaft gut vermischen und mindestens eine halbe Stunde lang durchziehen lassen.

4. Mit der Cashew-Sahne vermengen und mit den gehackten Walnüssen bestreuen.

MEDITERRANER
FENCHEL-OLIVENSALAT

ZUTATEN

2 Fenchel
1 Aubergine
1–2 Orangen
1 Glas schwarze Oliven, entsteint
200 g Cocktailtomaten
3 Stängel Basilikum
3 Stängel Oregano
4 EL Olivenöl
3 EL Balsamicoessig
Salz, Pfeffer
100 g Pinienkerne

ZUBEREITUNGSZEIT

15 Min. + Wartezeit

1. Den Fenchel längs halbieren, den Strunk keilförmig herausschneiden und die Knollenhälften in feine Streifen hobeln.

2. Die Aubergine längs halbieren, dann quer in knapp 2–3 mm dicke Scheiben schneiden. Anschließend die Auberginenscheiben salzen und 10 Minuten stehen lassen. Mit Küchenpapier abtupfen und mit 1 EL Olivenöl beträufeln. Nochmals 10 Minuten ziehen lassen.

3. Die Orangen schälen und in Filets teilen.

4. Die Oliven halbieren, ebenso die Tomaten. Die Basilikum- und Oregano-Blätter von den Stängeln zupfen.

5. 3 EL Olivenöl mit Essig, Salz und Pfeffer verrühren. Obst und Gemüse in einer Schüssel mischen, mit dem Salatdressing übergießen und mit den Pinienkernen sowie den Kräutern garnieren.

ASIATISCHER ALGENSALAT

Algen zählen heute zu den sogenannten Superfoods, da sie eine positive Wirkung auf die Gesundheit haben.

ZUTATEN

15 g Arame-Algen, getrocknet
1 Blatt Nori-Algen, getrocknet
2 Karotten
½ Brokkoli
½ Bund Frühlingszwiebeln
1 Stange Zitronengras

4 EL Sojasauce, unpasteurisiert
1 EL Limettensaft
2 TL Sesamöl
4 TL Sesam
1 TL Agavendicksaft
Salz, Pfeffer

ZUBEREITUNGSZEIT

15 Min.

1. Die Arame-Algen für etwa 10 Minuten in etwas Wasser einweichen. Das Noriblatt mit der Hand in kleine Stücke zerteilen und ebenfalls in etwas Wasser einweichen.

2. Die Karotten schälen und mit den Spiralschneider in feine Streifen schneiden. Den Brokkoli sowie die Frühlingszwiebeln waschen und in kleine Stücke schneiden. Vom Zitronengras die äußersten Blätter entfernen. Den verbleibenden weißen Teil in sehr kleine Scheiben schneiden.

3. Die Algen aus dem Wasser nehmen. Das Einweichwasser wird für dieses Rezept nicht mehr benötigt, kann aber für die Zubereitung einer Suppe aufbewahrt werden.

4. Die Algen abtropfen lassen und in eine Salatschüssel geben. Die vorbereiteten Zutaten hinzugeben und alles vermischen. Aus den restlichen Zutaten ein Dressing zubereiten und über dem Salat verteilen.

5. Mit Salz und Pfeffer abschmecken.

MINZ-ZUCKERSCHOTEN-SALAT

ZUTATEN

400 g Zuckerschoten
300 g junger Spinat
½ Bund Minze, frisch
500 g Erdbeeren
1 Zwiebel, rot

1 Limette, entsaftet
4 EL Sojasauce, unpasteurisiert
4 EL Pflanzenöl
2 EL Apfelessig
1 TL Currypulver
1 TL Tahin (Sesampaste)
Salz, Pfeffer

ZUBEREITUNGSZEIT

10 Min.

1. Die Zuckerschoten, den Spinat, die Minzblätter und die Erdbeeren waschen.

2. Die Zwiebel schälen und in Ringe schneiden.

3. Den Limettensaft mit Sojasauce, Pflanzenöl, Apfelessig, Currypulver und Tahin zu einem Dressing mixen.

4. Die festen Zutaten durchmischen und mit dem Dressing beträufeln.

5. Mit Salz und Pfeffer abschmecken.

Tipp

Beim Kauf von Zuckerschoten sollte man darauf achten, dass sie frisch, also zart und knackig sind. Ein Zeichen dafür ist ihre satte grüne Farbe.

LIMETTEN-SPARGELSALAT

ZUTATEN

75 g Mandeln
1 Bund Spargel
2 Limetten
150 g Pastinake
2 Schalotten
4 Stängel Koriander
3 EL Nussöl
Salz, Pfeffer

ZUBEREITUNGSZEIT

15 Min. + Einweichzeit

1. Die Mandeln über Nacht in Wasser einweichen, anschließend häuten und in Stifte schneiden.

2. Den Spargel schälen, die holzigen Teile entfernen und die Stangen in dünne Scheiben schneiden.

3. Die Limettenschale fein abreiben, anschließend die Limetten auspressen.

4. Die Pastinake grob raspeln, die Schalotten fein würfeln und den Koriander hacken.

5. Das Nussöl mit Limettensaft, Salz und Pfeffer verrühren. Den Spargel, die Limmettenschale, die Pastinakenraspel, die Schalottenwürfel und die Mandelstifte locker miteinander vermischen und mit dem Dressing vermengen.

6. Mit dem Koriander bestreuen und 15 Minuten durchziehen lassen.

Tipp

Wenn man anstelle des weißen Spargels grünen verwendet, kann man auf das Schälen verzichten und nur die holzigen Enden entfernen.

HAUPTSPEISEN

45

ZUCCHINISPAGHETTI
MIT KÜRBISKERNPESTO

*Das Pesto — eine Sauce oder Paste aus zerstampften rohen Zutaten —
hat seinen Ursprung in der italienischen Küche.*

ZUTATEN

60 g Paranüsse
50 g Kürbiskerne
3 Knoblauchzehen
30 g Basilikum
30 g Oregano
130 ml Olivenöl
Meersalz, Pfeffer
4 kleine Zucchini
1 Limette, entsaftet

ZUBEREITUNGSZEIT

20 Min.

1. Für das Pesto die Paranüsse und Kürbiskerne sehr fein hacken. Den Knoblauch schälen und ebenso fein hacken.

2. Basilikum und Oregano fein schneiden.

3. Das Olivenöl mit dem Knoblauch und den Kräutern pürieren, mit Salz und Pfeffer abschmecken und die Paranüsse und Kürbiskerne unterziehen. Alles im Kühlschrank durchziehen lassen.

4. Die Zucchini mit dem Spiralschneider in feine Spaghetti schneiden und mit Limettensaft gut marinieren.

5. Die Spaghetti mit dem Kürbiskernpesto anrichten.

ITALIENISCHE PEPERONATA

Die Peperonata ist ursprünglich ein italienisches Schmorgericht aus Tomaten, Zwiebeln und der Namen gebenden Paprika.

ZUTATEN

40 g getrocknete Tomaten
8 Paprika, grün, gelb und rot
100 ml Olivenöl
½ Bund Basilikum
½ Bund Oregano
1 EL frischer Rosmarin
3 Knoblauchzehen
100 g Pinienkerne
4 Tomaten, gewürfelt
Salz, Pfeffer
1 EL Rotweinessig

ZUBEREITUNGSZEIT

15 Min. + Wartezeit + Einweichzeit

1. Die getrockneten Tomaten über Nacht in Wasser einweichen und mit frischem Wasser gut abspülen.

2. Die Paprikaschoten mit einem Sparschäler dünn abschälen, die Ansätze, Trennwände und Kerne entfernen und die Schoten in größere Stücke teilen. Mit Olivenöl beträufeln und im Kühlschrank ziehen lassen (ca. 2 Stunden).

3. Basilikum, Oregano und Rosmarin fein hacken. Den Knoblauch schälen und in feine Scheibchen schneiden.

4. Die Paprikastücke aus dem Öl nehmen und das Öl mit Pinienkernen, gewürfelten Tomaten, Kräutern und Knoblauch pürieren. Eventuell etwas Öl zugießen und mit Salz, Pfeffer und Rotweinessig abschmecken.

5. Die Paprikaschoten mit dem Gewürzpesto vermengen.

SOMMERROLLEN MIT ERDNUSSSAUCE

ZUTATEN

Sommerrollen:
2 Handvoll Rucola
3 Stängel Koriander
4 Karotten
2 Paprika, rot und/oder gelb
1 kleine Zucchini
1 kleine Mango
1 EL Leinsamen
1 Limette, entsaftet
Gewürzsalz
1 EL Sesamöl
12 Bogen Reispapier
Sesam (optional)

Sauce:
100 g Erdnüsse, roh
5 getrocknete Pflaumen, entkernt
20 g Ingwer
50 ml Shoyu-Sojasauce
½ TL Koriander, gemahlen
1 EL Erdnussöl
Salz
Wasser nach Bedarf

ZUBEREITUNGSZEIT
45 Min. + Einweichzeit

1. Für die Sauce die Erdnüsse über Nacht in Wasser einweichen, mit klarem Wasser spülen und mit den gehackten Pflaumen, dem geschälten und zerkleinerten Ingwer, der Sojasauce, dem Koriander und dem Erdnussöl glatt pürieren. Nach Bedarf salzen.

2. Vom Rucola die groben Stiele entfernen, die Korianderblätter von den Stängeln zupfen.

3. Karotten, Paprika, Zucchini und Mango in Stifte schneiden. Den Leinsamen in 100 ml Wasser quellen lassen (10 Minuten), anschließend mit Limettensaft, Gewürzsalz und Sesamöl verrühren. Die in Grüppchen sortierten Gemüse- und Mangostifte nebeneinander auf einen Teller legen und mit der Marinade beträufeln. Für 30 Minuten in den Kühlschrank stellen.

4. Für die Sommerrollen jeweils ein Reispapier unter kaltes Wasser halten, bis es weich wird. Das Reisblatt auf eine Arbeitsplatte legen und belegen. Zuerst den Rucola verteilen, dann die Gemüsestifte darauf geben und anschließend die Mango. Mit den Korianderblättern abschließen. Wichtig beim Belegen ist, dass links und rechts an den Rändern etwas Platz zum Einschlagen frei bleibt, ebenso längs das letzte Drittel. Den Inhalt fest zusammenhalten und einrollen, dabei die Seitenteile einfalten und das Ende eventuell noch mit nassen Fingern verschließen. Mit den restlichen Reisblättern ebenso verfahren.

5. Die Sommerrollen optional mit Sesam bestreuen und mit der Sauce anrichten.

GEMÜSE-LASAGNE

ZUTATEN

300 g Cashewkerne
15 g Senfsamen
½ Bund Dill (3 Zweige)
1 cm Ingwer
2 Medjoul-Datteln, entkernt
1 TL Sesamöl
25 ml Weißweinessig
Salz, Pfeffer
2–4 Salatgurken (möglichst gerade)
4 Knoblauchzehen

Garnitur:
6 Cocktailtomaten
Käse-Ersatz
Dill

ZUBEREITUNGSZEIT

45 Min. + Einweichzeit

1. Die Cashewkerne mit den Senfsamen über Nacht in Wasser einweichen.

2. Gut mit frischem Wasser abspülen und in einem Sieb trocken schütteln. 2 Dill-Zweige fein hacken. Den Ingwer schälen und reiben, die Datteln fein schneiden.

3. Cashewkerne, Senfsamen, Ingwer, Datteln, Sesamöl und Essig mit dem Stabmixer fein pürieren. Den gehackten Dill unterziehen. Alles salzen und pfeffern.

4. Die Salatgurken (mit Kernen!) in 3 mm dicke Scheiben schneiden, salzen und 10 Minuten ziehen lassen.

5. Den Knoblauch schälen und hacken und auf den Gurkenscheiben verteilen.

6. Aus jeweils 4 Gurkenscheiben abwechselnd mit der Cashew-Dillpaste kleine Stapel zusammensetzen. Mit Dill und Käse-Ersatz garnieren. Aus den restlichen Gurkenscheiben ebensolche Lasagne-Stapel bilden.

Tipp

Freilandgurken eignen sich
besonders gut dafür!

KOHLRABI
À LA CRÈME

ZUTATEN

250 g Macadamianüsse
(optional Cashewkerne)
1 kleine Chilischote, rot
1 Medjoul-Dattel, entkernt
1 Bund Koriander (davon 1–2
Stängel für die Garnitur)
1 EL Hefeflocken
1 Limette (Saft und Schale)
4 EL Nussöl
Salz
1 Msp. Chilipulver
4 Kohlrabi
1 EL Olivenöl
1 EL Apfelessig

ZUBEREITUNGSZEIT

25 Min. + Einweichzeit

1. Die Macadamianüsse über Nacht in Wasser einweichen. Abgießen und mit frischem Wasser abspülen.

2. Die Chili entkernen und fein hacken. Ebenso mit der Dattel verfahren. Den Koriander schneiden. Die Nüsse mit Chili, Dattel, Koriander, Hefeflocken, Limettensaft und -schale sowie Nussöl zu einer sämigen Crème pürieren. Mit Salz und Chilipulver abschmecken und kühl stellen.

3. Die Kohlrabi schälen, halbieren oder vierteln und in feine Scheiben schneiden. Mit Olivenöl und Apfelessig beträufeln und etwas durchziehen lassen.

4. Mit der Crème anrichten und mit den Korianderblättern garnieren.

GEFÜLLTE ZUCCHINI
MIT SALSA VERDE

ZUTATEN

200 g Buchweizen
1 EL Olivenöl
Meersalz, Pfeffer
20 g Ingwer
2 Karotten
2 Äpfel
2–4 Zucchini (je nach Größe)
1 Zitrone, entsaftet

Salsa:
½ Salatgurke
½ Bund Frühlingszwiebeln
1 cm Ingwer
1 Bund Petersilie
1 Handvoll Spinat
10 Kapernäpfel, entstielt
1 Knoblauchzehe
1 Zitrone, entsaftet
3–4 EL Olivenöl
Salz

ZUBEREITUNGSZEIT

25 Min. + Einweichzeit

1. Den Buchweizen über Nacht in Wasser quellen lassen, abgießen und mit viel kaltem Wasser abspülen. Gut trocken schütteln und mit einem Esslöffel Olivenöl, Salz und Pfeffer vermengen.

2. Den Ingwer schälen und reiben. Die Karotten und Äpfel fein raspeln. Die Zucchini längs halbieren und das Fruchtfleisch herauslöffeln, dabei einen 5 mm breiten Rand stehen lassen. Das Fruchtfleisch klein schneiden, mit den Apfel- und Karottenraspeln sowie dem Ingwer und Zitronensaft verrühren. Den Buchweizen unterheben. Nach Geschmack die Füllung leicht salzen und eventuell noch etwas Öl beimengen.

3. Die Zucchinihälften damit füllen.

4. Für die Salsa Verde die Salatgurke schälen und grob würfeln, die Frühlingszwiebeln putzen und in Ringe schneiden, den geschälten Ingwer hacken und die Petersilie klein schneiden. Den Spinat waschen und trocken schütteln, die Kapernäpfel sowie den Knoblauch hacken. Alle Zutaten mit dem Stabmixer zu einer Salsa verrühren.

GEFÜLLTE AVOCADOS
MIT MACADAMIA-SAHNE

*Die Macadamianuss gilt als die Königin der Nüsse
und zählt zu den teuersten Nüssen der Welt.*

ZUTATEN
4 Avocados
2 Zitronen, entsaftet
4 Ananasscheiben
1 Chilischote, rot
2 EL Aroniabeeren, getrocknet
½ TL Agavendicksaft
1 Prise Salz

Macadamia-Sahne:
200 g Macadamianüsse (eingeweicht)
3 Medjoul-Datteln, entkernt
20 g Ingwer
Salz

ZUBEREITUNGSZEIT
20 Min. + Einweichzeit

1. Die Macadamianüsse über Nacht einweichen. Für die Macadamia-Sahne die Nüsse mit dem Stabmixer fein pürieren, die Datteln und den geschälten, gehackten Ingwer dazugeben und weiter mixen. Mit etwas Wasser die Sahne dünnflüssiger machen und mit Salz würzen.

2. Die Avocados der Länge nach halbieren, die Kerne entfernen und die Früchte gut mit dem Zitronensaft (1 EL) beträufeln. Das Fruchtfleisch herauslöffeln, dabei einen Rand von ca. 5 mm stehen lassen.

3. Die Ananasscheiben in Stücke schneiden, dabei die harten Teile entfernen.

4. Die Chilischote entkernen und sehr fein hacken. Das Avocadofruchtfleisch würfelig schneiden und mit der Ananas und den Aroniabeeren mischen. Den restlichen Zitronensaft mit Agavendicksaft, Chili und einer Prise Salz verrühren und über die Obst-Mischung träufeln.

5. Die Avocadohälften damit befüllen und mit der Macadamia-Sahne anrichten.

GEFÜLLTE RIESEN-CHAMPIGNONS

ZUTATEN

8 EL Buchweizen
8 Riesenchampignons
1 Paprika, gelb
1 Chilischote, rot
4 Rotkohlblätter
2 Karotten
1 Stange Staudensellerie
1 Kiwi
1 Banane
2 Zitronen, entsaftet
2 EL Aroniabeeren (optional
Berberitzen, getrocknet)
1 TL Agavendicksaft
2 EL Nussöl
Salz, Pfeffer

ZUBEREITUNGSZEIT

35 Min. + Einweichzeit

1. Den Buchweizen über Nacht in Wasser einweichen, mit frischem Wasser abspülen.

2. Die Riesenchampignons abbürsten und die Stiele herausdrehen. Die Stiele putzen und fein hacken.

3. Paprika und Chili halbieren, die Ansätze, Trennwände und Kerne entfernen und die Hälften in feine Streifen schneiden. Die Rotkohlblätter zusammenrollen und ebenfalls in feine Streifen schneiden. Die Karotten und den Staudensellerie mit dem Spiralschneider in feine Streifen schneiden. Die Kiwi und die Banane schälen und fein hacken.

4. Gemüse und Obst mit dem Zitronensaft vermengen und im Kühlschrank 30 Minuten durchziehen lassen.

5. Den Buchweizen mit Aroniabeeren, Agavendicksaft und Nussöl vermengen und unter die vorbereitete Gemüse-Obst-Mischung heben. Nochmals 10 Minuten durchziehen lassen, salzen und pfeffern. Die Champignons damit befüllen.

PASTINAKEN-SUSHI
MIT SOJA-SESAM-DIP

ZUTATEN

800 g Pastinaken
4 EL Apfelessig
2 EL Leinöl
etwas Salz
2 Karotten
oder
1 Avocado
oder
1 Salatgurke
10 Noriblätter

Dip:
4 EL Sojasauce
1 EL Sesam

ZUBEREITUNGSZEIT

45 Min. + Einweichzeit

1. Die Pastinaken schälen und mittelfein raspeln.

2. Den Essig mit Öl und Salz verrühren und gut mit den Pastinakenraspeln vermengen. 15 Minuten durchziehen lassen.

3. Das Gemüse der Wahl in 5 mm dicke Streifen schneiden.

4. Das Noriblatt auf eine Bambusmatte legen, mit etwas Wasser bestreichen und zu zwei Dritteln mit den Pastinakenraspeln belegen, dabei das letzte Drittel frei lassen. Die Gemüsestreifen mittig auf die Pastinaken-schicht legen, und das Noriblatt samt Füllung mithife der Bambusmatte straff einrollen.

5. Mit den weiteren Noriblättern ebenso verfahren, dafür gegebenenfalls Streifen aus den anderen vorgeschlagenen Gemüsen fertigen.

6. Die Sojasauce mit dem Sesam verrühren und zum Pastinaken-Sushi servieren.

ZUCCHINI-CANNELLONI

ZUTATEN

2–3 Zucchini (je nach Größe)
1 Zitrone, entsaftet
1 Aubergine
2 Paprika, rot und gelb
1 Fleischtomate
2 Schalotten
2 Knoblauchzehen
¼ Zuckermelone
70 g Mandeln
3 Stängel Basilikum
8 schwarze Oliven, entsteint
3 EL Olivenöl
Meersalz
Zahnstocher

ZUBEREITUNGSZEIT

30 Min.

1. Die Zucchini der Länge nach mit einem Sparschäler in ca. 1 mm dicke Scheiben schneiden. Kurz in Zitronenwasser legen, dann trocken tupfen.

2. Die Aubergine in kleine Stücke schneiden und leicht salzen, damit sie die Bitterstoffe verliert. Nach 10 Minuten mit Küchenpapier trocknen.

3. Die Paprika halbieren, die Strünke, Trennwände und Kerne entfernen und die Schoten in feine Streifen schneiden. Die Tomate möglichst häuten und hacken. Die Schalotten und den Knoblauch schälen und in feine Würfel schneiden. Ebenso das Fleisch der Zuckermelone würfeln.

4. Die Mandeln, das Basilikum und die Oliven fein hacken. Alle Zutaten mit dem Öl vermischen und vorsichtig salzen.

5. Die Zucchinistreifen auslegen und mit je einem Esslöffel Füllung belegen. Vorsichtig aufrollen und das Ende jeweils mit einem Zahnstocher feststecken.

GEMÜSEBÄLLCHEN
MIT RUCOLAPESTO

ZUTATEN

1 EL Chia-Samen
5 EL Wasser
1 Rote Bete
1 Karotte
1 Süßkartoffel
30 g Ingwer
1 Stange Staudensellerie
3 Stängel Petersilie
1 Handvoll Erbsen
2 EL Sonnenblumenkerne
1 EL Olivenöl
1 Zitrone, entsaftet
Himalayasalz nach Geschmack
20 kleine Blätter Reispapier
oder etwa 8 große Blätter

Pesto:
200 g Rucola
100 ml Olivenöl
80 g Pinienkerne
Salz, Pfeffer

ZUBEREITUNGSZEIT

45 Min. + Quellzeit

1. Die Chia-Samen eine Stunde im Wasser quellen lassen.

2. Rote Bete, Karotte, Süßkartoffel und Ingwer schälen und in kleine Würfel schneiden. Den Staudensellerie ebenfalls würfeln, die Petersilie hacken. Das Gemüse mit den Erbsen gut durchmischen. Die Sonnenblumenkerne fein hacken und unterheben.

3. Das Olivenöl mit Zitronensaft und Salz verrühren und mit den Chia-Samen samt Wasser vermengen. Das Gemüse zu der Öl-Chia-Mischung geben und mit den Händen leicht verkneten. Alles gut durchziehen lassen.

4. Je ein Reispapier mit kaltem Wasser spülen, bis es weich wird. 1 Esslöffel Gemüsemasse auf dem oberen Drittel verteilen, dabei an den Seiten etwas Reispapier frei lassen. Das Blatt samt Gemüsemasse fest aufrollen. Die Seiten zusammendrehen und dann eindrehen oder verknoten.

5. Für das Pesto den Rucola klein schneiden und zusammen mit dem Öl und den Pinienkernen pürieren. Das Pesto mit Salz und Pfeffer würzen.

6. Die Gemüsepäckchen mit dem Pesto zusammen servieren.

OLIVEN-PIZZA

ZUTATEN

Boden:
250 g Leinsamen, gemahlen
und eingeweicht
200 g Mandeln, gemahlen
½ Zwiebel
3 EL Olivenöl
1 Knoblauchzehe
etwas Basilikum, getrocknet
etwas Oregano, getrocknet
Salz, Pfeffer
eventuell 2–3 EL Wasser

Sauce
4 Tomaten
4 Tomaten, getrocknet
3 Knoblauchzehen
1 Schalotte
70 g Sultaninen
1 EL Balsamico-Essig
4 schwarze Oliven, püriert
1 EL Zitronensaft
75 ml Olivenöl
1 TL Chili-Flocken
1 TL Oregano
1 Bund frische Kräuter, gemischt

Käse-Ersatz:
100 g Paranüsse
Salz, Pfeffer

ZUBEREITUNGSZEIT
25 Min. + Einweichzeit + Trockenzeit

1. Den Leinsamen in etwa derselben Menge Wasser etwa 20 Minuten einweichen.

2. Dann zusammen mit den anderen Zutaten für den Boden mit den Händen zu einem Teig verarbeiten, dünn ausrollen und 2–3 Stunden bei 50 °C Umluft auf der mittleren Schiene des Backofens trocknen. Dabei die Backofentür z. B. mit einem eingeklemmten Tuch oder Kochlöffel einen Spalt geöffnet halten.

3. Für die Sauce die Tomaten waschen und grob würfeln, die getrockneten Tomaten ebenfalls würfeln. Den Knoblauch und die Schalotte schälen und klein schneiden. Zusammen mit den restlichen Zutaten für die Sauce pürieren.

4. Für den Käse-Ersatz die Paranüsse zerkleinern und mit Salz und Pfeffer abschmecken.

5. Den Boden nach dem Trocknen im Backofen mit Sauce, Käse-Ersatz und Belag anrichten und servieren.

Tipp

Als Belag können Sie zum Beispiel 10 Oliven, 1 Handvoll italienische Kräuter, ein paar dünn geschnittene Fenchelscheiben oder Zuchinispiralen verwenden.

GEMÜSEQUICHES

ZUTATEN

Boden:
50 g Tomaten, getrocknet
1 Knoblauchzehe
4 EL Mandeln, gemahlen
4 EL Wasser
300 g Paranüsse
4 EL Kokosöl, alternativ Pflanzenöl
Salz, Pfeffer

Creme:
200 g Cashewkerne
etwa 250 ml Wasser
2 EL Tamari-Sauce
1 TL Kurkuma
1 TL Hefeflocken
Salz, Pfeffer

Gemüsefüllung:
2 Paprika, rot
1 Zucchini
2 Karotten
4 Stangen Staudensellerie
2 Frühlingszwiebeln
½ Bund Schnittlauch

ZUBEREITUNGSZEIT
25 Min. + Kühlzeit

1. Für den Quiche-Boden die getrockneten Tomaten und den geschälten Knoblauch klein schneiden. Zusammen mit den restlichen Zutaten für den Boden pürieren.

2. Für die Creme alle Zutaten im Mixer verarbeiten.

3. Für die Gemüsefüllung alle Zutaten waschen und sehr fein schneiden.

4. Den Tomaten-Nuss-Teig auf den Böden kleiner Quiche-Formen verteilen und am Rand dünn nach oben ziehen. Mit der Gemüsefüllung und der Creme füllen und für etwa 2 Stunden im Kühlschrank kalt stellen.

TERIYAKI-SPIESSE

ZUTATEN

Bällchen:
400 g Sonnenblumenkerne
1 EL Pflanzenöl
1 EL Apfelessig
1 TL Tamari-Sauce
1 Möhre, geraspelt
etwa 4 cm Lauch
1 Zwiebel
1 Knoblauchzehe
2 EL Korianderblätter
4 EL Hefeflocken
½ TL Cayennepfeffer
Salz, Pfeffer

Marinade:
4 Datteln
2 Knoblauchzehen
1 cm Ingwer
100 ml Tamari-Sauce
1 EL Orangensaft
½ EL Limettensaft
1 TL Sesamöl
1 Prise Chilipulver oder Chiliflocken
Salz, Pfeffer

verschiedene Gemüse

ZUBEREITUNGSZEIT
30 Min. + Einweichzeit + Trockenzeit

1. Die Sonnenblumenkerne über Nacht in Wasser einweichen.

2. Die eingeweichten, abgegossenen Kerne mit dem Pflanzenöl, dem Essig und der Tamari-Sauce mixen. Die Möhre fein raspeln, das restliche Gemüse sehr fein hacken. Mit Salz und Pfeffer abschmecken. Nun alle Zutaten für die Bällchen mit den Händen zu einer Masse vermengen und Bällchen formen.

3. Für die Marinade die Datteln, den Knoblauch und den Ingwer klein schneiden, mit den restlichen Zutaten vermengen und im Mixer verarbeiten.

4. Das Gemüse für die Spieße in mundgerechte Stücke schneiden und zusammen mit den Bällchen kurz in der Marinade durchziehen lassen.

5. Im Backofen bei 50 °C Umluft auf mittlerer Schiene etwa 3–4 Stunden dörren, dabei die Backofentür z.B. mit einem eingeklemmten Tuch oder Kochlöffel einen Spalt geöffnet halten. Die Spieße im Laufe der Dörrzeit immer mal wieder mithilfe eines Pinsels mit der Marinade bestreichen.

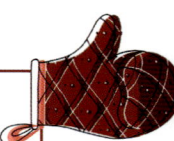

Tipp
Zum Bestücken der Spieße
eignen sich sehr gut Zucchini, Zwiebeln,
Paprika und Champignos.

SNACKS, BROTE & AUFSTRICHE

ROTKOHL
MIT GRANATAPFEL-DRESSING

ZUTATEN

½ – 1 Rotkohl (je nach Größe)
1 Zitrone, entsaftet
1 EL Kümmel, ganz
2 rote Äpfel
1 Granatapfel
100 ml Orangensaft, frisch gepresst
100 ml Apfelsaft
75 ml Nussöl
3 Datteln (Medjoul)
Salz, Pfeffer
80 g Paranüsse, gehackt

ZUBEREITUNGSZEIT

25 Min.

1. Den Rotkohl halbieren, unschöne Blätter abziehen und den Stunk herausschneiden. Den Kohl in sehr feine Streifen schneiden, mit Zitronensaft und Kümmel vermengen und gut durchrühren.

2. Die Äpfel halbieren, die Kerngehäuse entfernen und die Hälften stifteln.

3. Den Granatapfel halbieren und die Kerne herauslösen (Vorsicht, es spritzt!), dabei die weißen Häutchen abziehen. Den austretenden Granatapfelsaft auffangen (am besten über einer Schüssel arbeiten).

4. Granatapfelsaft, Orangensaft und Apfelsaft mischen, das Nussöl unterrühren und die feingehackten Datteln einrühren. Mit Salz und Pfeffer mild würzen.

5. Den Rotkohl mit den Granatapfelkernen und den Apfelstiften mischen, mit dem Dressing gut vermengen und mit den gehackten Paranüssen bestreuen. Alles noch etwas durchziehen lassen.

Tipp

Um an die essbaren Kerne heran zu kommen, muss man den Granatapfel teilen. Das Herauslösen gestaltet sich oft etwas schwierig. Daher zuvor die geschlossene Frucht auf der Arbeitsfläche hin- und herrollen, damit sich die Kerne anschließend leichter lösen.

SPINAT IN MEERRETTICHSAHNE

Meerrettich zählt zu den schärfsten Gewürzen in unseren Küchen. Die volle Schärfe entfaltet die Wurzel erst nach dem Reiben oder Aufschneiden.

ZUTATEN

150 g Cashewkerne
2 Handvoll Spinatblätter
20 g Meerrettich
1 Apfel
100 ml Orangensaft
1 Prise Salz

1 Handvoll Walnusskerne
zur Dekoration

ZUBEREITUNGSZEIT

15 Min. + Einweichzeit

1. Die Cashewkerne über Nacht in Wasser einweichen. Tags darauf mit klarem Wasser abspülen und mit dem Stabmixer pürieren.

2. Die Spinatblätter waschen und trocken schütteln.

3. Den Meerrettich schälen und fein reiben. Den Apfel ebenfalls reiben.

4. Die Cashew-Sahne zusammen mit Meerrettich, Apfel und Orangensaft nochmals mixen. Eventuell mit einer Prise Salz würzen. Den Spinat mit der Meerrettichsahne und den Walnusskernen garnieren.

UNGARISCHES LETSCHO

MIT BASILIKUM-TOMATENSAUCE

ZUTATEN

Letscho:

6 Paprika, rot, grün und gelb
1 Chilischote, rot
1 Zwiebel
2 Knoblauchzehen
½ Bund Petersilie
1 EL Rotweinessig
1 EL Olivenöl
Salz
Cayennepfeffer (optional)

Sauce:

700 g Fleischtomaten
1 Salatgurke
3 Knoblauchzehen
½ Bund Basilikum
1 Medjoul-Dattel, entkernt
3 EL Olivenöl
1 EL Rotweinessig
Salz, Pfeffer

ZUBEREITUNGSZEIT

20 Min.

1. Die Paprika und die Chili halbieren, anschließend Stielansätze, Trennwände und Kerne entfernen. Die Schoten in feine Streifen schneiden.

2. Die Zwiebel und den Knoblauch schälen und in Ringe schneiden. Die Petersilie hacken.

3. Das Gemüse in eine Schüssel geben und mit Essig, Olivenöl, Salz und Cayennepfeffer marinieren.

4. Für die Sauce die Tomaten grob hacken, die Salatgurke längs halbieren und entkernen. Die Knoblauchzehen schälen und zusammen mit dem Basilikum und der Dattel hacken. Die Zutaten mit Olivenöl und Essig zu einer feinen Sauce pürieren, eventuell mit etwas Wasser strecken. Mit Salz und Pfeffer würzen und mit dem marinierten Gemüse vermengen. 15 Minuten ziehen lassen.

GEMÜSEQUINOA
MIT DATTEL-OLIVENCREME

ZUTATEN

Gemüsequinoa:
300 g Quinoa
2 EL Chia-Samen
2 Karotten
1 Stange Staudensellerie
¼ Brokkoli
¼ Fenchel
¼ Granatapfel
1 Bund Schnittlauch
1 Zitrone, entsaftet
Himalaya-Gewürzsalz
1 Handvoll Erbsen

Creme:
5 Medjoul-Datteln, entkernt
20 Oliven, entkernt
1 Birne
100 g Pinienkerne
100 ml Olivenöl
1 TL Apfelessig
Salz, Pfeffer

ZUBEREITUNGSZEIT

35 Min. + Einweichzeit

1. Das Quinoa über Nacht in Wasser einweichen, danach mit klarem Wasser abspülen und in einem Sieb trocken schütteln.

2. Die Chia-Samen in 150 ml Wasser quellen lassen, bis sie eine gelartige Konsistenz haben.

3. Die Karotten in Stifte, den Staudensellerie in dünne Scheiben, den Brokkoli in winzige Röschen und den Fenchel in Ringe schneiden.

4. Die Granatapfelkerne ohne die weißen Häutchen aus der Frucht lösen. Den Schnittlauch in feine Röllchen schneiden. Gemüse und Obst mit Zitronensaft beträufeln, durchmischen und mit Salz abschmecken.

5. Für die Oliven-Dattelcreme Datteln, Oliven, Birne und Pinienkerne mit dem Pürierstab so lange bearbeiten, bis eine sämige Creme entstanden ist. Langsam das Olivenöl dazugießen, dabei stetig weiterrühren. Mit Apfelessig, Salz und Pfeffer würzen.

6. Das Quinoa mit den gequollenen Chia-Samen und dem marinierten Gemüse gut durchmischen, mit Schnittlauch garnieren und mit der Dattel-Olivencreme servieren.

CHAMPIGNON-
WALNUSS-CARPACCIO

ZUTATEN

8 Riesenchampignons
1 Stange Zitronengras
1 Chilischote
1 cm Ingwer
1/8 l Kokosmilch
1 Limette, entsaftet
Salz, Pfeffer
4 Schalotten
1 EL Koriander, gehackt
1 EL Basilikum, gehackt
100 g Walnüsse, zerdrückt

ZUBEREITUNGSZEIT

25 Min.

1. Die Champignons putzen, in hauchdünne Scheiben schneiden und auf den Tellern verteilen.

2. Das Zitronengras von der Schale befreien und ebenfalls in hauchdünne Scheiben schneiden. Die Chili teilen, entkernen und zusammen mit dem geschälten Ingwer fein hacken.

3. Anschließend die Kokosmilch und den Limettensaft dazugeben, mit dem Pürierstab schaumig mixen und mit Salz und Pfeffer würzen.

4. Die Schalotten in feine Ringe schneiden und mit den gehackten Kräutern und zerdrückten Nüssen zusammen auf den Pilzen verteilen.

5. Die Sauce nochmals kurz durchmixen und über die garnierten Pilze träufeln.

THAILÄNDISCHER NUDELSNACK TO GO

Kelp-Nudeln kommen aus dem Meer. Sie werden aus Algen und Wasser gemacht und sehen nicht nur so aus wie Glasnudeln, sondern schmecken auch ähnlich.

ZUTATEN

Pesto:

2 Schalotten
2 cm Ingwer
etwa 4 cm Paprika, rot
4 Brokkoliröschen
2 Prisen Currypulver
2 EL Sojasauce
2 TL Leinöl
2 EL Cashewkerne

2 Paprika, rot
4 Frühlingszwiebeln
½ Brokkoli
300 g Kelp-Nudeln
Salz, Pfeffer

ZUBEREITUNGSZEIT

25 Min.

1. Für das Pesto die Schalotte und und den Ingwer schälen und in kleine Stücke schneiden. Das Paprikastück und die Brokkoliröschen ebenfalls klein schneiden und mit den restlichen Zutaten für das Pesto mit dem Stabmixer verarbeiten.

2. Das restliche Gemüse waschen, die Paprika und Frühlingszwiebeln in dünne Scheiben schneiden, den Brokkoli in kleine Röschen teilen.

3. Mit den gespülten Nudeln und dem Pesto vermengen und in Becher verteilen.

KNOBLAUCHBROT
MIT AVOCADO-TOMATEN-DIP

ZUTATEN

Brot:

100 g Leinsamen
4 Knoblauchzehen
400 g Mandeln, gemahlen
1 TL Paprika, süß
½ TL Currypulver
½ TL Kümmel, gemahlen
2 EL Sojasauce, unpasteurisiert
Salz, Pfeffer

Dip:

2 Avocados
2 Tomaten
1 Schalotte
½ Zitrone, entsaftet
Salz, Pfeffer

ZUBEREITUNGSZEIT

25 Min. + Einweichzeit + Trockenzeit

1. Den Leinsamen mahlen und in etwas Wasser für etwa 20 Minuten einweichen.

2. Die Knoblauchzehen schälen und sehr klein schneiden.

3. Alle Zutaten für das Brot mit den Händen verkneten, bis ein leicht klebriger Teig entsteht. Gegebenenfalls etwas Wasser oder mehr gemahlene Mandeln hinzugeben, um die richtige Konsistenz zu erhalten.

4. Mit feuchten Händen einen Laib formen, in dünne Scheiben schneiden und auf einem mit Backpapier ausgelegten Backblech verteilen.

5. Im Backofen bei 50 °C Umluft auf mittlerer Schiene etwa 2–3 Stunden dörren, dabei die Backofentür z.B. mit einem eingeklemmten Tuch oder Kochlöffel einen Spalt geöffnet halten. Die Brotscheiben gelegentlich wenden.

6. Für den Dip die Avocados entkernen und das Fruchtfleisch herauslöffeln, die Tomaten waschen und würfeln, die Schalotte schälen und klein schneiden. Alles zusammen mit dem Zitronensaft pürieren und mit Salz und Pfeffer abschmecken.

TOMATENBRÖTCHEN
MIT LAUCH-CASHEW-KÄSE

ZUTATEN
50 g Leinsamen
200 g Tomaten, getrocknet
400 g Mandeln, gemahlen
1 EL Hefeflocken
1 EL Sojasauce, unpasteurisiert
Salz, Pfeffer

Cashew-Käse:
½ Stange Lauch
100 g Cashewkerne
Salz, Pfeffer

ZUBEREITUNGSZEIT
25 Min. + Einweichzeit + Trockenzeit

1. Den Leinsamen mahlen. Die getrockneten Tomaten klein schneiden und mit dem Leinsamen in etwa 250 ml Wasser etwa 20 Minuten einweichen.

2. Alle Zutaten für das Brot mit den Händen verkneten, bis ein leicht klebriger Teig entsteht. Gegebenenfalls etwas Wasser oder mehr gemahlene Mandeln hinzugeben, um die richtige Konsistenz zu erhalten.

3. Mit feuchten Händen kleine, dünne Brötchen formen und auf einem mit Backpapier ausgelegten Backblech verteilen. Die Oberseite der Brötchen mit einem Messer einschneiden.

4. Im Backofen bei 50 °C Umluft auf mittlerer Schiene etwa 3–4 Stunden dörren, dabei die Backofentür z.B. mit einem eingeklemmten Tuch oder Kochlöffel einen Spalt geöffnet halten.

5. Für den Cashew-Käse den Lauch waschen und klein schneiden. Mit den Cashewkernen pürieren, langsam etwas Wasser zugeben, bis die gewünschte Konsistenz erreicht ist und mit Salz und Pfeffer abschmecken.

Tipp
Wer beim Trocknen die Zeit verkürzen möchte, formt keine Brötchen, sondern fertigt lieber einen Laib und schneidet ihn in dünne Scheiben.

MANDELBROT
MIT KAROTTEN-KURKUMA-AUFSTRICH

ZUTATEN
Brot:
150 g Leinsamen
8 Datteln, getrocknet
4 EL Hefeflocken
2 EL Sojasoße
800 g Mandeln, gemahlen
Salz, Pfeffer

Aufstrich:
4 Karotten
2 Lauchzwiebeln
½ TL Kurkuma
1 TL Agavendicksaft
eventuell etwas Wasser
oder Mandelmilch
Salz, Pfeffer

ZUBEREITUNGSZEIT
25 Min. + Einweichzeit + Trockenzeit

1. 100 g Leinsamen mahlen und zusammen mit dem restlichen, ungemahlenen Leinsamen ungefähr 20 Minuten in etwa 250 ml Wasser einweichen. Die Datteln klein schneiden und zusammen mit den Hefeflocken und der Sojasoße kurz mit dem Stabmixer pürieren.

2. Alle Zutaten für das Brot mit den Händen verkneten, bis ein leicht klebriger Teig entsteht. Gegebenenfalls etwas Wasser oder mehr gemahlene Mandeln hinzugeben, um die richtige Konsistenz zu erhalten.

3. Mit feuchten Händen einen Laib formen, dünne Scheiben schneiden und auf einem mit Backpapier ausgelegten Backblech verteilen.

4. Im Backofen bei 50 °C Umluft auf mittlerer Schiene etwa 3—4 Stunden dörren, dabei die Backofentür z.B. mit einem eingeklemmten Tuch oder Kochlöffel einen Spalt geöffnet halten. Die Brotscheiben gelegentlich wenden.

5. Für den Karotten-Kurkuma-Aufstrich die Karotten schälen und klein schneiden, die Lauchzwiebeln waschen und ebenfalls klein schneiden. Beides zusammen mit Kurkuma und Agavendicksaft pürieren, langsam etwas Wasser oder Mandelmilch zugeben, bis die gewünschte Konsistenz erreicht ist und mit Salz und Pfeffer abschmecken.

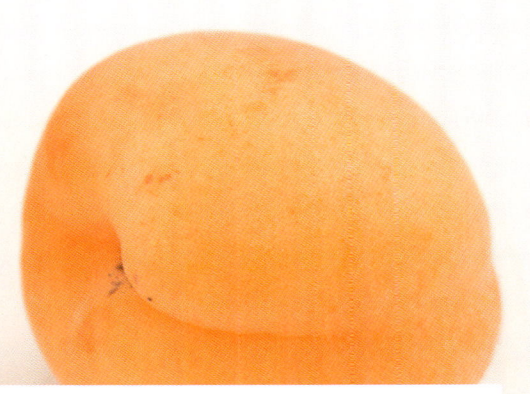

DESSERTS

APRIKOSEN-KOKOS-BÄLLCHEN

ZUTATEN

80 g Erdnüsse
40 g Aprikosen, getrocknet
80 g Kokosraspel
1 Prise Salz
1 EL Kokosblütenzucker
(optional 1 EL Agavendicksaft)
1 TL Zitronenschale
2 EL Kokosöl
3–4 EL Kokosraspel zum Wälzen

ZUBEREITUNGSZEIT

25 Min. + Einweichzeit + Kühlzeit

1. Die Erdnüsse über Nacht in Wasser einweichen, mit klarem Wasser abbrausen und mit Küchenpapier trocknen. Anschließend fein hacken, dann mit dem Stabmixer oder in der Küchenmaschine pürieren.

2. Die Aprikosen klein schneiden und mit Kokosraspeln, Salz, Kokosblütenzucker und Zitronenschale zum Erdnussmus geben und pürieren.

3. Das Kokosöl im Wasserbad schmelzen und mit der Erdnuss-Kokos-Masse mixen, bis eine sämige Konsistenz erreicht ist.

4. Ca. 30 Minuten kühlen, dann kleine Bällchen formen und diese in den Kokosraspeln rundum wälzen. Kalt aufbewahren.

Tipp

Kokosöl ist bei Zimmertemperatur fest, daher muss es leicht erwärmt werden.

CREMIGES KOKOSEIS

ZUTATEN

750 g Kokosmilch
1 Limette (Saft und Schale)
1 Banane
4 EL Ananasstücke
1 EL Kokosblütenzucker
(optional 1 EL Agavendicksaft)
1 TL Vanille
Minzblätter zum Garnieren

ZUBEREITUNGSZEIT

10 Min. + Kühlzeit

1. Die Kokosmilch für 3 Stunden ins Tiefkühlfach stellen. Es sollte sich der feste Anteil vom flüssigen trennen. Die Flüssigkeit abschütten und anderweitig weiterverarbeiten. Den festen Teil mit dem Mixer aufschlagen.

2. Den Limettensaft und die abgeriebene Schale zusammen mit der Banane und den Ananasstücken mit dem Kokosblütenzucker und der Vanille mischen.

3. Die Zutaten mit der Kokoscreme vermengen, entweder nochmals alles pürieren oder stückig lassen.

4. In eine tiefkühlgeeignete Schale geben und zugedeckt für ca. 5 Stunden in den Gefrierschrank stellen, die Masse zwischendurch 2–3 Mal mit einer Gabel gut durchrühren.

5. Das Eis in 4 hübsche Dessertschälchen verteilen und mit den Minzblättern garnieren.

DATTEL-ORANGEN-SCHNITTEN

ZUTATEN

300 g Mandeln
200 g Walnüsse
50 g Kokosflocken
100 g Kakao-Nibs
180 g Medjoul-Datteln, entkernt
3–4 EL Orangensaft
1 TL Orangenschale
1 Prise Salz
75 g Kokosöl
40 g Kakaobutter
90 ml Agavendicksaft
100 ml Orangensaft
1 TL Vanille
2–3 Orangen
Walnüsse für die Garnitur

ZUBEREITUNGSZEIT

35 Min. + Einweichzeit

1. Die Mandeln über Nacht in Wasser einweichen lassen, mit klarem Wasser abbrausen. Die losen Häutchen abziehen.

2. Für den Boden die Walnüsse, Kokosflocken und Kakao-Nibs in der Küchenmaschine zu grobem Mehl mahlen.

3. Die Datteln grob hacken und mit Orangensaft, Orangenschale und Salz vermengen. Zu der Mehlmischung in der Küchenmaschine geben und alles gut mixen, bis eine teigartige Masse entstanden ist.

4. Den Boden einer viereckigen Auflaufform mit Backpapier auslegen und den Teig gleichmäßig in die Form hineindrücken. In den Kühlschrank geben.

5. Das Kokosöl im Wasserbad schmelzen und mit der weichen Kakaobutter, dem Agavendicksaft, dem Orangensaft und der Vanille verrühren.

6. Die Mandeln in der Küchenmaschine oder mit dem Stabmixer pürieren, dann die Kokos-Orangencreme hinzufügen und nochmals pürieren. Die Mandelmasse auf den Dattel-Walnussboden streichen.

7. Die Orangen schälen und filetieren. Die Mandelmasse mit den Orangenspalten belegen und den fertigen Kuchen in Stücke schneiden. Mit den Walnüssen garnieren.

KIWI-NUSSPUDDING

Chia-Samen, bereits bei den alten Maya sehr beliebt, findet man nun auch mehr und mehr in heimischen Küchen. Als Superfood sind sie reich an Nährstoffen und spenden viel Energie.

ZUTATEN

250 g Mandeln
1 EL Chia-Samen
1 Prise Salz
1 EL Ahornsirup
4 Datteln, entkernt
1 TL Vanille
1 Prise Zimt, gemahlen
1 Prise Nelken, gemahlen
300 ml Wasser
3 Kiwis
2 EL Mandeln, halbiert

ZUBEREITUNGSZEIT

15 Min. + Einweichzeit + Kühlzeit

1. Die Mandeln und die Chia-Samen über Nacht getrennt in Wasser einweichen. Mit klarem Wasser abspülen und im Sieb abtropfen lassen.

2. Zusammen mit Salz, Sirup, Datteln, Vanille, Zimt und Nelken-Pulver zu einem sämigen Püree mixen. Dabei nach und nach das Wasser zugießen.

3. Den Pudding in 4 Schälchen verteilen und in den Kühlschrank stellen.

4. Die Kiwis schälen, halbieren und in Scheiben schneiden. Den Pudding damit garnieren und mit den Mandelhälften bestreuen.

MANGO-KIWI-SCHICHTDESSERT

Dieses Dessert besticht nicht nur durch die besondere Optik, jeder Löffel ist ein Genuss!

ZUTATEN

150 g Haselnüsse
½ TL Vanille
1 EL Lucuma-Pulver (optional
1 EL Agavendicksaft)
1 TL Rapsöl
2 Mangos
4 Kiwis

1 TL Kakaopulver

ZUBEREITUNGSZEIT

20 Min. + Einweichzeit

1. Die Haselnüsse über Nacht in Wasser einweichen, mit klarem Wasser abspülen und mit Küchenpapier trocknen.

2. Die Nüsse grob hacken und mit Vanille, Lucuma-Pulver und Rapsöl pürieren.

3. Für die Fruchtmuse die Mangos schälen und vom Kern schneiden, die Kiwis halbieren und das Fruchtfleisch aus den Schalen löffeln. Die Früchte getrennt pürieren.

4. Kleine Gläser vorbereiten und die Fruchtmuse abwechselnd mit der Nusscreme einschichten.

5. Mit dem Kakaopulver bestreuen.

Tipp

Natürlich können alternativ auch andere Früchte zu Mus verarbeitet werden – der Kreativität sind keine Grenzen gesetzt.

HIMBEEREIS MIT SCHOKOLADE

ZUTATEN

250 g Himbeeren, frisch
oder tiefgefroren
1 Limette, entsaftet
3 EL Agavendicksaft
3 EL Kokosöl
3 EL Kakaopulver
½ TL Vanille
Backpapier
Holzstäbchen oder Eisstiele

ZUBEREITUNGSZEIT

15 Min. + Kühlzeit

1. Aus dem Backpapier 8 Rechtecke schneiden (15 x 30 cm) und daraus Eistüten formen. Mit einem Tacker am weiten Ende fixieren und die Spitzen etwas umknicken, damit später nichts auslaufen kann.

2. Die Himbeeren waschen, pürieren und mit dem Limettensaft und 2 EL Agavendicksaft vermengen. Das Himbeerpüree zu ¾ in die Eistüten füllen und sie für 40 Minuten aufrecht in das Gefrierfach stellen (z.B. in einem Glas).

3. In der Zwischenzeit die Schokolade vorbereiten. Dafür das Kokosöl im Wasserbad schmelzen und mit dem Kakopulver, der Vanille und dem restlichen Agavendicksaft gut vermengen.

4. Die Schokolade in die Tütchen füllen, die Holzstäbchen in das Eis stecken (nur bis zur Hälfte) und weitere 4 Stunden gefrieren lassen.

5. Das Eis aus den Tüten wickeln und rasch vernaschen.

Tipp

Wer Stiel-Eisförmchen zuhause hat, kann natürlich auch diese verwenden!

APRIKOSEN-CAKE-POPS

8 Stück

ZUTATEN

100 g Aprikosen, getrocknet
100 g Medjoul-Datteln, entkernt
100 g Pflaumen, getrocknet
und entkernt
4 EL gemischte Nüsse, fein gehackt
2 EL Agavendicksaft

25 g Kokosöl
30 g Kakaobutter
25 g Kakaopulver
1 TL Vanille
2 EL Kokosblütenzucker
Holzstäbchen oder Lolli-Stiele

ZUBEREITUNGSZEIT

25 Min. + Kühlzeit + Quellzeit

1. Die Aprikosen, Datteln und Pflaumen sehr fein schneiden und mit 4 EL Wasser verrühren. Die Masse 2 Stunden quellen lassen.

2. Mit den Nüssen und dem Sirup vermengen und daraus Kugeln formen (ca. 3 cm Durchmesser). Die Kugeln nebeneinander auf eine mit Frischhaltefolie bedeckte Unterlage geben und in das Tiefkühlfach stellen.

3. Nach 30 Minuten die Fruchtkugeln herausnehmen und die Holzstäbchen vorsichtig einsetzen. Nochmals eine Stunde einfrieren.

4. Das Kokosöl im Wasserbad schmelzen und mit der weichen Kakaobutter, dem Kakao, der Vanille und dem Kokosblütenzucker verrühren. Wenn die Glasur zu dickflüssig ist, noch etwas Kokosöl untermengen.

5. Die Cake-Pops vorsichtig kopfüber in die Glasur tauchen und dann aufrecht im Kühlschrank trocknen lassen.

Tipp

Die Cake-Pops müssen rasch verzehrt werden, da die Glasur schnell zu „schwitzen" beginnt und die Kugeln dann von den Stielen rutschen.

SCHOKOLADEN-KOKOS-MOUSSE

ZUTATEN

150 g Cashewkerne
3 Medjoul-Datteln, entkernt
2 EL Kokosöl
20 g Kakaobutter
2 EL Kakaopulver
1 TL Vanille
1 Prise Salz
1 EL Ahornsirup (optional
Kokosblütenzucker)

ZUBEREITUNGSZEIT

15 Min. + Einweichzeit + Kühlzeit

1. Die Cashewkerne über Nacht in Wasser einweichen, am nächsten Tag mit klarem Wasser abspülen und pürieren.

2. Die Datteln fein schneiden. Das Kokosöl im Wasserbad schmelzen und mit den restlichen Zutaten zur Cashew-Mousse geben.

3. Alles zusammen gut pürieren, in 4 Schälchen verteilen und im Kühlschrank ca. 2 Stunden gut kühlen lassen.

Tipp

Medjoul-Datteln sind besonders süß und etwas größer (aber auch etwas teurer). Bei Verwendung einer anderen Sorte zwei bis drei mehr nehmen.

LIMETTEN-SCHOKO-TORTE

1 kleine Kuchenform

ZUTATEN

Tortenboden:

25 g Aroniabeeren, getrocknet
150 g Medjoul-Datteln, entkernt
1 Limette (Saft und Schale)
180 g gemischte Nüsse
3 EL Ahornsirup
30 g Kakaopulver
1 TL Vanille
1 Prise Salz

Topping:

80 g Sonnenblumenkerne
180 g Haselnusskerne
100 g Medjoul-Datteln, entkernt
50 g Cranberries
60 g Kokosöl
140 g Kakaobutter
1 TL Limettenschale
50 g Kakaopulver
1 Prise Salz

Garnitur:

Limetten-Zesten
70 g Nüsse, gehackt

ZUBEREITUNGSZEIT

45 Min. + Einweichzeit + Kühlzeit

1. Die Aroniabeeren und Datteln sehr klein schneiden und mit dem Limettensaft und -schale sowie 5 EL Wasser gut pürieren.

2. Die Nüsse in der Küchenmaschine zerkleinern. Die Aronia-Masse, den Ahornsirup, den Kakao, die Vanille und das Salz dazugeben und alles zu einer homogenen Masse verarbeiten.

3. Den Boden einer Springform mit Backpapier belegen (zwischen Ring und Boden einspannen, überschüssiges Papier abschneiden). Die Teigmasse in die Form drücken und in den Kühlschrank stellen.

4. Für das Topping die Sonnenblumenkerne über Nacht in Wasser einweichen. Mit klarem Wasser spülen und trocken schütteln und in der Küchenmaschine pürieren. Die Haselnüsse ebenfalls über Nacht einweichen, abspülen und gut mit Küchenpapier trocknen. Dann zu Haselnussmus hacken und zu den Sonnenblumenkernen geben.

5. Die Datteln und Cranberries 2 Stunden in Wasser einweichen, trocken schütteln und zum Nussmus geben. Das Aronia-Nuss-Püree ebenfalls unterrühren und alles zusammen nochmals mixen.

6. Das Kokosöl im Wasserbad schmelzen und mit der weichen Kakaobutter, der Limettenschale, dem Kakaopulver und einer Prise Salz zu den übrigen Zutaten mischen.

7. Alles gut durchmixen und auf den Teigboden streichen. Mit den Limettenzesten und Nüssen bestreuen und für eine Stunde in den Kühlschrank stellen.

VITAMIN-FRUCHT-KUGELN

ca. 12 Stück

ZUTATEN

150 g Haselnüsse
6 EL Cranberries, getrocknet
4 EL Aroniabeeren, getrocknet
4 Medjoul-Datteln, entkernt
1 TL Vanille
1 EL Kakaopulver
1 EL Acai-Saft (optional
Berberitzen-Sanddorn-Saft)
1 Prise Salz
2 EL Kokosöl
3–4 EL Sesam zum Wälzen

ZUBEREITUNGSZEIT

25 Min. + Einweichzeit + Kühlzeit

1. Die Haselnüsse über Nacht in Wasser einweichen, mit klarem Wasser abspülen, mit einem Küchentuch trocknen und zu Mus pürieren.

2. Die Cranberries, Aroniabeeren und Datteln klein schneiden und mit Vanille, Kakao, Saft und einer Prise Salz unter das Nussmus mischen.

3. Das Kokosöl im Wasserbad schmelzen und mit der Nuss-Fruchtmasse gut vermengen. Für 15 Minuten in den Kühlschrank stellen.

4. Mit feuchten Händen Kugeln formen und diese in Sesam wälzen.

5. Zum weiteren Aushärten in den Kühlschrank geben.

SELBSTGEMACHTE SCHOKOLADE

ZUTATEN

60 g Kakaobutter
60 g Kokosöl
60 g Kakaopulver
40 g Ahornsirup
1 TL Vanille
2 Msp. Nelken, gemahlen
1 EL Orangenschale
1 Msp. Salz
3 EL Nuss-Splitter (optional)

ZUBEREITUNGSZEIT

15 Min. + Kühlzeit

1. Die Kakaobutter und das Kokosöl im Wasserbad schmelzen und den Kakao dazugeben.

2. Mit dem Schneebesen die Masse 4–5 Minuten rühren.

3. Den Ahornsirup, die Vanille, das Nelken-Pulver, die Orangenschale, das Salz und nach Wunsch die Nuss-Splitter unterrühren.

4. In eine mit Frischhaltefolie ausgelegte Form oder in entsprechende Förmchen geben und im Kühlschrank aushärten lassen.

GETRÄNKE

MELONEN-GRAPEFRUIT-JUICE

ZUTATEN

1 Honigmelone
1 Grapefruit
1 Limette, entsaftet
1 Chilischote

ZUBEREITUNGSZEIT

10 Min.

1. Die Melone in der Mitte teilen und mit einem Teelöffel die Kerne entfernen, die Hälften schälen und in grobe Stücke schneiden.

2. Die Grapefruit mit einem Obstmesser schälen – dabei auch die weißen Häutchen entfernen – und danach grob zerteilen.

3. Die Chilischote waschen, vom Stiel und den Kernen befreien und sehr fein hacken.

4. Melonen- und Grapefruitstücke zusammen mit der Chili und dem Limettensaft entweder im Standmixer oder mit dem Stabmixer pürieren, bis die gewünschte Konsistenz erreicht ist.

Tipp

Wer die Grapefruit als zu bitter empfindet, ersetzt diese einfach durch eine Orange.

MUNTERMACHER-DRINK

ZUTATEN

175 g Mandeln
½ TL Vanille
1 Prise Salz
1000 ml Wasser
Nussmilch-Beutel / Passiertuch

2 EL Haferflocken
2 EL frischer Rosmarin, fein gehackt
2 Bananen
Pfeffer

ZUBEREITUNGSZEIT

10 Min. + Einweichzeit

1. Die Mandeln über Nacht in Wasser einweichen, mit klarem Wasser abspülen und mit Vanille und Salz pürieren.

2. Das Wasser langsam zugießen. Dann durch einen Nuss-milch-Beutel in ein sauberes Gefäß drücken.

3. Zusammen mit den Haferflocken, dem Rosmarin und den in grobe Stücke geschnittenen Bananen im Standmixer oder mit dem Pürierstab pürieren.

4. Nach Belieben mit Pfeffer würzen.

Tipp

Rosmarin gilt als natürlicher Wachmacher, da er ohne Koffein Kreislauf und Gehirntätigkeit anregt.

APFEL-SPINAT-SMOOTHIE

ZUTATEN

4 Handvoll junger Spinat, frisch
2 Äpfel
1 TL Leinöl
Wasser nach Belieben
Agavendicksaft nach Geschmack

ZUBEREITUNGSZEIT

10 Min.

1. Den Spinat waschen.

2. Die Äpfel waschen, vom Kerngehäuse befreien und in Stücke schneiden.

3. Spinat und Äpfel mit dem Leinöl im Standmixer oder mit dem Stabmixer pürieren. So viel Wasser beimengen, bis der Smoothie die gewünschte Konsistenz hat.

4. Nach Belieben Agavendicksaft dazugeben und nochmals mixen.

Tipp

Falls kein junger Spinat zu bekommen ist, die Blätter vor dem Pürieren von den Stängeln befreien.

PFIRSICH-MANGO-LASSIE

ZUTATEN

2 Kokosnüsse
1 EL Kokosnuss-Creme
1 Zitrone, entsaftet
1 Msp. Vanille
4 Pfirsiche
2 Mangos

ZUBEREITUNGSZEIT

10 Min.

1. Die Kokosnüsse teilen, das Fruchtfleisch herausschneiden und zerteilen.

2. Zusammen mit der Kokosnuss-Creme, dem Zitronensaft und der Vanille im Mixer pürieren, bis sich eine joghurtähnliche Konsistenz ergibt.

3. Die Pfirsiche waschen, den Kern entfernen und das Fruchtfleisch in Stücke teilen.

4. Die Mangos schälen und vom Kern schneiden.

5. Die Obststücke zum selbstgemachten Kokos-Joghurt geben und nochmals gut pürieren.

Tipp

Selbstgemachter Rohkost-Joghurt
schmeckt besonders gut, wenn man
ihn vor dem Verzehr kühl stellt.

SAUER-MACHT-LUSTIG-SMOOTHIE

ZUTATEN

4 Zitronen, entsaftet
4 Aprikosen
50 g Johannisbeeren
50 g Cranberries, frisch
1 Banane
Wasser nach Belieben

ZUBEREITUNGSZEIT

10 Min.

1. Die Zitronen entsaften.

2. Die Aprikosen waschen und entkernen. Die Johannisbeeren von den Rispen streifen. Die Banane schälen und in Stücke teilen.

3. Aprikosen, Johannisbeeren, Cranberries, Banane und Zitronensaft in den Mixer geben und pürieren.

4. Wasser nach Belieben zugeben, bis der Smoothie eine cremige Konsistenz hat.

GRÜNER FRÜHSTÜCKS-SMOOTHIE

ZUTATEN

2 Handvoll Löwenzahn
2 Kiwis
2 Bananen
1 cm Ingwer
Wasser nach Belieben

ZUBEREITUNGSZEIT

10 Min.

1. Den Löwenzahn waschen und grob schneiden.

2. Die Kiwis schälen und waschen (damit keine Härchen mehr darauf sind), dann in Stücke schneiden.

3. Die Banane schälen und grob schneiden.

4. Den Ingwer schälen und fein hacken.

5. Die vorbereiteten Zutaten mit einer beliebigen Menge Wasser zu einem cremigen Smoothie mixen.

Tipp

Löwenzahn regt die Verdauungsorgane sowie Nieren und Blase an und wirkt blutreinigend.

KAROTTEN-NUSS-SHAKE

ZUTATEN

4 Karotten
80 g Mandeln
1/4 TL Vanille
1 Prise Salz
500 ml Wasser
50 g Haselnüsse, gehackt
50 g Walnüsse, gehackt
1 Prise Salz

Nussmilch-Beutel / Passiertuch

ZUBEREITUNGSZEIT

10 Min. + Einweichzeit

1. Die Karotten waschen, eventuell schälen und in Scheiben schneiden.

2. Die über Nacht in Wasser eingeweichten Mandeln mit klarem Wasser abspülen und mit Vanille und Salz pürieren.

3. Das Wasser langsam zugießen.

4. Durch einen Nussmilch-Beutel in ein sauberes Gefäß drücken.

5. Die Karottenscheiben, Haselnüsse und Walnüsse dazugeben und alles pürieren, bis die gewünschte Konsistenz erreicht ist.

STÜRMISCHER
STRANDKORB-
COCKTAIL

ZUTATEN

1 große Papaya
1 Limette, entsaftet
4 Orangen
500 ml Kokoswasser

ZUBEREITUNGSZEIT

10 Min.

1. Die Papaya schälen, entkernen und in Stücke schneiden.

2. Die Limette entsaften und die Orangen schälen, sodass keine weiße Haut auf der Frucht zurückbleibt. Die Orangen von möglichen Kernen befreien und in Stücke schneiden.

3. Die Fruchtstücke zusammen mit dem Limettensaft und dem Kokoswasser zu einem Cocktail mixen.

Tipp

Kokoswasser enthält viele Mineralien und belastet durch seinen geringen Säuregehalt nicht den Magen.

WILDKRÄUTER-SMOOTHIE

ZUTATEN

2 Handvoll gemischte Wildkräuter
(Brennnessel, Sauerampfer,
Löwenzahn, Giersch, ...)
1 Avocado
1 Apfel
Wasser nach Bedarf

ZUBEREITUNGSZEIT

10 Min.

1. Die Wildkräuter waschen.

2. Die Avocado entkernen und das Fruchtfleisch herauslöffeln.

3. Anschließend den Apfel waschen oder schälen, vom Kerngehäuse befreien und etwas klein schneiden.

4. Die vorbereiteten Zutaten mit einer beliebigen Menge Wasser pürieren, bis die gewünschte Konsistenz erreicht ist.

Tipp

Bei der Verarbeitung von Brennnesseln
sollten Handschuhe getragen werden.

GEMISCHTE-BEEREN-SMOOTHIE

ZUTATEN

150 g gemischte Beeren, tiefgekühlt
oder
50 g Heidelbeeren, frisch
50 g Himbeeren, frisch
50 g Brombeeren, frisch
4 Datteln
1 Prise Kakaopulver

Wasser nach gewünschter Konsistenz

ZUBEREITUNGSZEIT
10 Min.

1. Zuerst alle Früchte waschen oder die Tiefkühlbeeren antauen lassen.

2. Die Datteln entkernen und klein schneiden.

3. Die Beeren mit den Datteln und dem Kakaopulver entweder im Standmixer oder mit dem Pürierstab bis zur gewünschten Sämigkeit mixen.

Tipp

Datteln sind reich an natürlichem Zucker
und zudem eine gute Quelle für Kalium,
Kalzium, Magnesium, Eisen und Ballaststoffe.
Sie eignen sich hervorragend zum Süßen.

REGISTER

IMPRESSUM

© Neunzehn Verlag Walter Unterweger
Kreuzstraße 21, 13187 Berlin-Germany
www.neunzehn-verlag.de

1. Auflage 2015
ISBN 978-3-942491-56-3
Printed 2015

Rezepte: Kristina Unterweger
Fotografie: Arnold Pöschl

Satz: Satz- & Verlagsservice Ulrich Bogun
Lektorat: Dana Hübeler

Hinweis: Die Inhalte dieses Buches wurden vom Autor nach bestem Wissen erstellt und mit größtmöglicher Sorgfalt recherchiert. Sie bieten keinen Ersatz für kompetenten medizinischen Rat. Die Empfehlungen in diesem Buch erfolgen ohne jegliche Gewährleistung oder Garantie seitens des Verlages oder des Autors. Weder Autor noch Verlag können für eventuelle Nachteile oder Schäden, die aus den im Buch gegebenen Hinweisen resultieren, eine Haftung übernehmen.

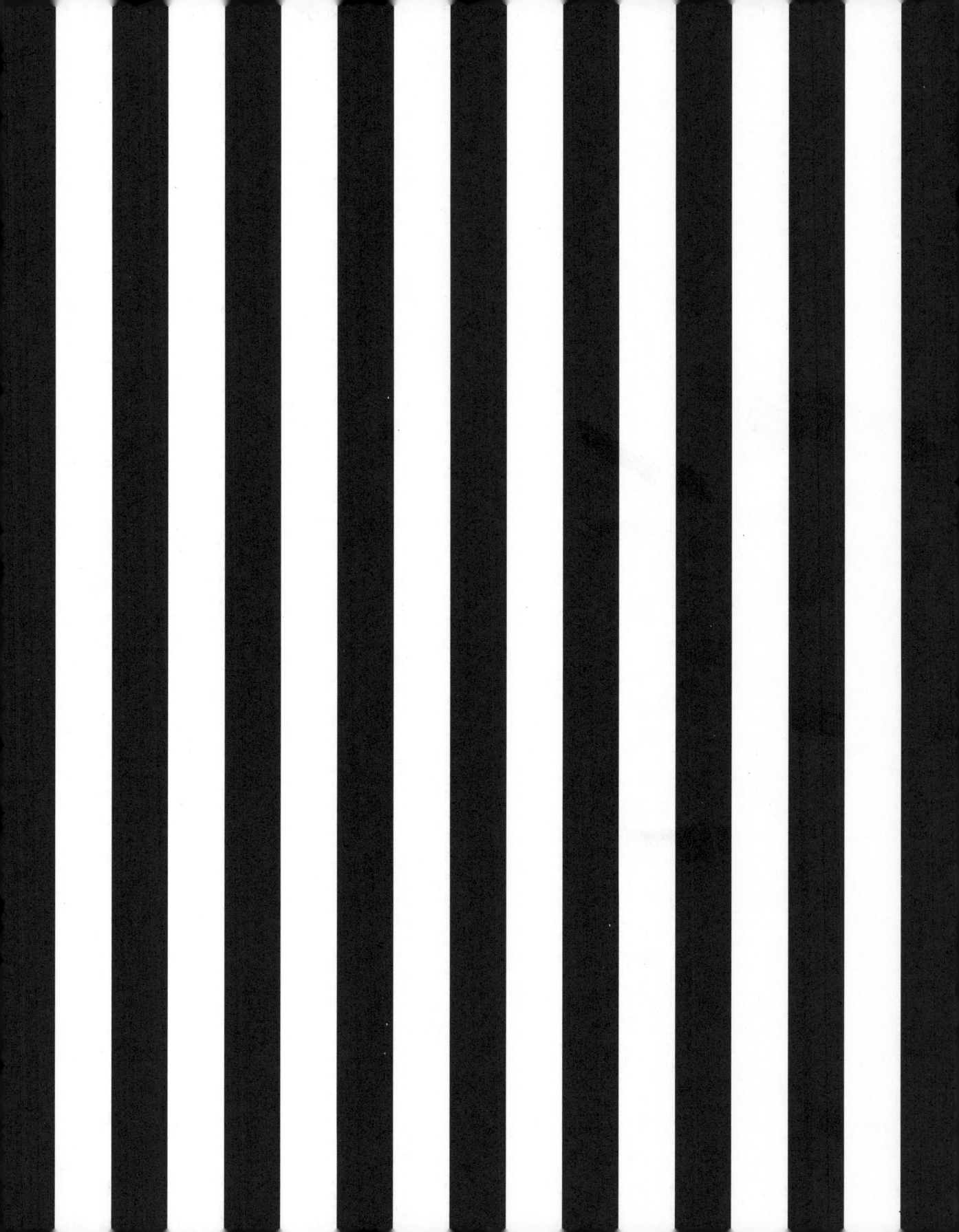